권희수 시집

밀려왔다 밀려갔을

시인의 말

바람의 시 밭

가을 하늘
바다 빛 같은 바탕 위에
흰 구름이 흘러가다가
다채로운 무늬 속 숨은 그림은
그리움의 배경이었다

유영하듯
겹치고 스쳐가며
보일 듯 말 듯한
긴 그림자 속 존재 앓이들
내 삶의 용기를 준 환경이었다

칡과 등나무의 얽힘
언어의 홍수 속 빈곤한 오해는
내 발등의 밝음으로 가는
맑은 바람의 시 밭이었다

밀려왔다 밀려갔을
내 일상 사유의 노래
감사와 사랑의 노래
짙은 향수의 노래

가신 님
하늘가 맴도는 노래

세 번째 시집은
우리 곁에서 서로 배경이 되어주는 사람들과
혈육으로 남은 동생(열, 민, 웅, 정) 들에게 바칩니다.

2024년 11월
덕동산 자락 청강재에서

시인의 말 | 바람의 시 밭   2

1부
눈부신 일상   12
물결무늬에 기대어   14
가을에 온 그대   16
우리도 언젠가는   18
짠지에 어른거리는 당신   20
태백의 향연   22
봄바람 타고 하늘나라로   24
길 위의 빛이여   26
내 노래의 나무   28
가을 답장   30
마음먹은 대로   32
삼월이 넘어가는 날   33
코스모스 길을 거닐며   34
소확행   36
겨울 바다는 외롭지 않았다   39
둘이서 부르는 노래   40
쪽빛 순수에게   43
증동리 솔무등에서   44

2부

밀려왔다 밀려갔을	48
눈길을 쓸면서	49
저 산맥은	50
칼 융과의 대화	52
당신과 물들고 싶어요	54
꽃봉오리 터지듯	56
닦는다	58
내 사랑의 끝은	59
사람 꽃밭	60
아침에 온 눈 편지	62
봄의 노래	63
성벽 위 파수꾼이 되어	64
거제 쪽빛 바다는	66
산들바람처럼	67
수도사의 빛	68
호숫가 그 여인은	70
가슴으로 부르는 노래	72
지는 꽃잎에서	74
낮과 밤의 같은 시간	75

3부

상처를 씻는다	78
전설의 계절	79
12월 당신에게	80
소들섬의 연주	82
상흔의 선물	83
먼저 와 있는 귀한 그대	84
바람의 미소	86
아카시아 꽃내음	87
앞마당 감나무에는	88
품어 보련다	89
편지를 읽으며	90
은행잎	92
우리 앞에 선 그대	94
바닷가에 서면	96
운명 교향곡	98
만선의 노래	100
존재의 환희	102
후회와 미련	103

4부

괴정리 가는 길	106
추석 즈음	107
어느 가을 아침	108
그 사랑의 깊이	110
어릴 적 괴정리 가을	112
여름 괴정리	114
넘실대는 보리밭 물결	116
그곳엔 지금도 소쩍새가 울고 있을까	117
다음 달에 올게요	118
봄의 속삭임	120
오지 마라	122
흐르는 강물처럼	124
당신이 떠난 자리가	126
봄을 캐던 괴정리	128
참깨 볶으며	129
오성강변에 서면	130
길을 걸었다	134

밀려왔다

밀려갔을

권희수 시집

함박눈 사이로

내리는

눈과 바람 사이로

한 해 동안의 아련한 동경

함박눈

실바람 타고

사뿐이

그대 오는 날

눈 빛 사이로

어른거리는

그대 눈빛

1부

눈부신 일상

한줄기 빛
한강 물에 입맞춤한다

헌 날의 거룩한 부담
새 강물처럼 보듬고 흐른다

흘러가는 강물
바람에 역류하는 강물
밀고 끌며 쉼 없이 흐르듯

내 등불을
타인 등에 달아 주고
도도하게 강물 되어 흘러가리

긴 고통 뒤 오는
간헐적 행복일지라도
강물이 강물을 껴안고
굽이굽이 흘러가리

폭우로 홍수가 나고
폭설로 무너짐 있어도
상처가 또 다른 길을 안내하듯
시련이 또 다른 성공을 낳듯

포용하는 강물처럼
한낮 윤슬처럼
눈부신 일상
감사 노래로 흘러가리

갈라진 땅 평화 나르고
갈등은 큰 강물로 보듬고
무관심을 따뜻한 시선으로
노을 풍경 옆 끼고 흘러가리

물결무늬에 기대어

하늘에 비친 강물
강물에 비친 구름
강과 하늘이 맞닿는 듯
그림처럼 흐른다.

그대 얼굴 비친 구름
내 얼굴 비친 강물
눈과 마음이 맞닿는 듯
은빛 되어 흐른다.

셀 수 없는 추억
끝없는 삶의 물결무늬처럼
그대와 나 두 눈빛에 비친
파문에 기대어 흘러왔듯이

이따금 열 지어 날아가는
철새 떼가 깃을 접는 시간
그대와 내 눈빛에 물들듯

평택호수 구름이 붉게 물든다.

가을에 온 그대

시간의 등을 타고 흘러가는
가을바람에 그대는 누런 들판

봄부터 가을까지 키운
알알이 영글어가는 그대는 열매

구름에 떠밀려 묻어오는 듯
파란 물감 속에 그대는 가을하늘

옹이 없는 나무가 없듯이
세월을 이기고 온 작은 거인
가을은 그대가 오는 계절입니다

산뜻한 향기를 품고 온
그대는 노란 국화, 연보라 국화
곱디고운 그대의 마음결입니다

그대가 오는 가을은

사랑과 용서로 그윽하게 물들고 있습니다.

우리도 언젠가는

부부의 인연 바닥에서
꿋꿋하게 견디는 모습
참 인간적 향기입니다

삶의 끝자락에서 홀로 눈물지으며
밤이 오는 시간보다 더 빨리 절망하며
누워있는 남편을 부여잡고
아침햇살처럼 방긋 웃어주려
애쓰는 모습 참으로 따뜻합니다

우리도 언젠가는 시간의 끝
맞이하겠지만 남편은
행복한 시간으로 기억할 것입니다
한숨짓는 축복입니다

그날이 오더라도
배웅할 수 있는 섭리의 축복
이 얼마나 고결한 의리입니까

사는 동안 여한 없도록
지고지순한 우 시인
우리에겐 하나님이 계시잖아요

장마철 한줄기 햇빛
우리 삶에게 엷은 미소 지어보아요

* 우 시인 : 나주 우인순 시인,
남편의 병간호에 마음을 다하고 있는 위로

짠지에 어른거리는 당신

늦가을 소금에 절여
겨울 보내고 늦봄이 오는 날
담백하고 깊은 맛
쌀밥에 힘듦을 달랬던 짠지

내 짧은 배움으로 영양가가 없다고
성정을 피우며 싱싱한 채소류를
드셔야 한다고 하대했던
짠지를 즐겨 드셨던 당신

그 시절 어머니 나이를 훌쩍 넘어
내가 먹으며 질근질근 맛 사이로
그렁그렁 눈가에 어리는 당신

예년 같으면 선물을 들고
설레임으로 부풀어 있을 즈음
가야 할 곳도 기다려 줄 이도 없는
그 짠지를 어디서 만날까

시를 쓰고 또 써도
바칠 당신이 없으니
무엇으로 텅 빈 마음을 달랠까

태백의 향연

깊은 골짜기
높은 봉오리
첩첩 태백 준령

5월의 눈부신 태양
연초록 띠를 두른
태백산 자락 태백중학교

연초록 닮은
연한 미소 소녀, 소년들
연초록 색깔 같은 재잘거림

멀리 러시아에서 온
클래식 연주도
연초록 아리아 울림
골짜기마다 수런거림

5월 태백은

앳띤 소녀 소년도
음악도
자연도
연초록의 어울림 향연

봄바람 타고 하늘나라로

괜찮아!!
최선을 다한 너의 마음
남편이 다 알고 가셨을 거야

그나마
준비할 수 있는 마음을
가질 수 있어서 다행이야

그 사랑
추억하며 사는 것이
살아남은 자의 몫일 거야

이제 슬픔을 넘어
봄바람에 따뜻하게 보내드린
너의 마음 헤아릴 거야

엄마를 믿고 의지하는 자녀들에게
또 하나의 희망의 미소를

텃밭에 뿌려보자

다음 주에 수원에서
너와 함께 시간을 보낼게
외롭고 힘들 때 네 곁에 있을게
괜찮아

힘내
삶이 섭리인 것을
우리 삶에서 비켜 갈 줄 알았을까?

* 42년을 함께 산 남편을 보낸 친구 영숙이에게

길 위의 빛이여
- 길 위의 교회 창립 6주년에 부쳐

오늘, *여호와 주의 이름이 온 땅에 어찌 그리 아름다운지요

길 위의 집에 빛을 가득 넣었습니다
시간의 숨결 속에 탯줄이
하나로 연결되듯이

아는 것을 믿음이라고
착각하지 않도록 공감
빛의 집에서 이웃의 아픔까지 품겠습니다

사랑으로 보듬겠습니다
세상과 구별되지 못함을 고백하고
형제자매를 실족하지 않도록

절망과 불안 속에서
잠 못 이루는 사람을 위하여
또 다른 빛으로 정성껏 감싸겠습니다

누군가의 눈물을 닦아주고
누군가의 울타리가 되어주며
누군가의 파수꾼이 되겠습니다

어린아이와 같은 겸손으로
낮은 자리에서 빛으로
길 위의 사람들을 보듬겠습니다
당신의 영광!
당신의 평화!
땅끝까지 전하는 빛의 사도

당신은 빛
우린 소금
땅끝까지 전하는 빛의 증인

오늘, *주의 영광이 하늘을 덮었나이다.

* 성경 시편 8:1

내 노래의 나무

하나님의 은혜로 늦여름 태어나
씨를 뿌리고 땅 깊이 뿌리 내린
내 노래의 나무를 심었습니다

자고 일어나면 무럭무럭 환상으로
안내되어 편만한 나무가 되듯
청아한 노래 위에 안여반석

바람 불고 흔들리는 날에는
평화의 노래로
존재 앓이가 금방
사랑서팀
행복처럼
가곡 선율에 내 마음을 키웠습니다

세상 환란과 고민은
햇살 쏟아지는 가을 창가에서
깊은 울림소리로

아리아 선율에 내 마음을 맡겼습니다

오페라 주인공같이 이기고 일어나
마법의 새처럼 높이 솟아
내 마음의 오케스트라 연주하였습니다

아낌없이 주는 나무처럼
아낌없이 웃는 꽃처럼
새들과
바람과
내 노래 찬가를 부르겠습니다.

* 안여반석(安如盤石) : 편안함이 마치 반석과 같다는 뜻으로,
넓고 튼튼한 큰 바위처럼 마음이 든든하고 믿음직스럽게 안심된다.
* 이강미 선생님 고희에 부쳐

가을 답장

기차 차창 밖 풍경
오밀조밀 가을 색으로 다정한 날

광주 대구 서울에서 제각각
가을 편지 답장 품고 계룡으로 갔다

편지 속에서 익숙한 언어들 만남
겨울 봄 여름 가을 이야기가
처음 본 얼굴 미소를 품고
답장을 펼친다

소풍가기 전날 설레임처럼
굳어진 미소 속을 뚫고 나오듯
늦가을 빈 들 배추 속 여물어 가는
지순한 겸손을 품고 마주한 사람들

그 마음을 알 듯
만남을 넘어서 벗하는 사람들

늦가을 풀잎까지 주황빛으로 반긴다

고즈넉한 계룡 가을 이야기는
골짜기마다 형형색색
가을 편지 답장으로 수런거린다

마음먹은 대로

이리저리
모래성 같은 내적 갈등이 수두룩

여기저기
잣대를 들이대어도

고민고민
들었다 놨다 망설여도

일단 시작이 반
마음먹은 대로
풍덩
빠지는 거야

삼월이 넘어가는 날

제천으로 가는 고속도로에 봄비가 내린다
굽이굽이 청풍의 가로수 벚꽃 가지가지마다
뭉시르하게 부어있다

내일이면 벙그러질
벚꽃 잔치가 호수에
산 위에
길 위에
4월이 함초롬하게 넘어 올 것이다.

코스모스 길을 거닐며

하늘하늘
하늘거려도 좋다
가을 하늘에 응석을 부리듯이

기웃기웃
기웃거려도 좋다
가을 바람처럼 너의 깊은 맘 알고 싶듯이

건들건들
건들거려도 좋다
하늘 아래 건들거리는 몸짓을 가진
넌
그리움의 공장

촘촘히
껴 묻듯이 들판을 이고
들길에서 흔들려도
유연한 몸매 살랑살랑

설레이게 만드는 요염한 귀태
가을 바람에 나를 맡긴다.

소확행

 아침 프랑시스 잠의 시에서 다시 나에게 빠져 본다

 내 작은 손에서 이루어지는 무엇을 잡는 일에서 글을 쓰는 일까지의 작은 손가락들에서 이렇게 저렇게 손가락으로 자판을 두드리며 생각을 협응하면 거미줄처럼 줄줄이 이어 나와 거미집이 지어진다

 남과의 비교하며 우위를 찾으려 했던 오해들로부터 잠깐씩 우울했던 기분을 싹 몰아내고, 온통 나의 몸을 움직이며 할 수 있는 일들이 신비롭기 짝이 없다

 지금, 비가 내리는 자연환경에서 느끼는 감각과 자신을 이끄는 정서가 어찌 이토록 아름다운지 빗소리에 재즈 음악이 보태지니 새론 행복이 은하수처럼 번져 간다

 비를 좋아하는 친구에게 편지를 쓰며, 여름 안부를 묻고, 점심에는 지인을 만나 냉면을 살 수 있는 여유

는 어디에서 왔을까? 사람 속에서 삶의 의미를 찾아 교감하는 아기자기한 관계의 묘약은 어디에서 와서 나에게 머무는가? 때론 얼굴도 모르고 마음을 나누는 우리는 얼마나 시대를 즐기는 사람들인가?

  부족하지만 나름
  기타 줄 하나 또는 두세 개를 동시에 누르며 노래할 수 있는 흥얼거림에 세상은 어디에서 와서 나의 손과 귀에서 머물며 아름다움 자아낸다

  이따, 외출할 때 자동차를 운전하는 것보다 두 발로 힘차게 스텝을 밟으면서 걸어봐야겠다. 삶을 예찬하는 마음으로 자신을 이끌어가는 건강한 마음을 움직이는 나^^

  어릴 적 닭장에서 달걀을 꺼내는 일은 할 수 없었어도 유리창 틈에 손가락을 넣어 먼지를 닦아내는 청소하는 날은 상쾌하고 깜찍한 날이었다. 그리고 외출할

때 입을 옷은 단추가 많은 옷을 입어야겠다

끝없이 이어지는 소소하고 시시한 일상이지만 누군가에게는 그토록 바라는 아침에 눈을 뜨는 순간 새날에 감사하고 어제보다 아름다운 창조적 시작을 여는 아침시인이다

생명이여
일상의 아름다움이여

겨울 바다는 외롭지 않았다

눈 오는 회색 하늘
푸른 겨울 바다 위
형광빛 청둥오리 수컷 떼
청색 머리에 촛불을 켜놓은 듯
반짝거리는 암컷 떼
물살이 밀려오면
덩실덩실 발로 물살 가르고
밀어를 속삭이듯
파도 결에 맞추어 유영한다
앞서고 뒷서며
날아 오르고
물 위 미끄러지며
파도타기 하듯
어울렁 더울렁

겨울 바다는 외롭지 않았다.

둘이서 부르는 노래

신부여!
신랑이여!
그대들의 일편단심이 하늘에 닿는 날입니다

밤하늘에 빛나는 별처럼
둘이는 서로의 별이 되었습니다

기쁨의 반지를 끼고
살아있는 동안 부르는 이중창입니다

산은 산대로
바다는 바다대로
꽃은 꽃대로 견뎌내듯이

산처럼
바다처럼
견디어 내고 품어주는 옆 지기입니다

사랑한 만큼 아프고
사랑한 만큼 서운하고
사랑의 크기만큼 섭섭함이 배가 되어도
둘이서 부르는 노래는
사랑
사랑
참 사랑입니다

이 세상에 온 그대들의 의무이기 때문입니다
하늘이 내린 최고의 축복이기 때문입니다
이 목숨 다하도록 지켜내야 하기 때문입니다

신부여!
신랑이여!

둘이서 부르는 노래는
어떠한 광야에 서 있어도
그 어떠한 폭풍이 몰아쳐도

이 세상 끝까지 지켜주는 노래입니다

그대들의 별에서
삶을 노래하며
높이 솟아봐요
더 높이 드넓게 날아봐요

쪽빛 순수에게

쪽빛 바다에서
순수를 안고 배우고
닮고 싶었다

마를 수 없는
쪽물 바다에서
마르지 않는 너이기에

마음을 씻고
덧입혀서
쪽빛 하늘색 닮고 싶었다

인과의 뒤틀림은 순수를 울게 했고
짜 맞추어진 순수를 어지럽게 했지만
쪽빛바다는 쪽물로 넘실거린다

바다는 세상의 아우성
파란 손수건을 흔든다

증동리 솔무등에서
- 문준경 전도사 묘비 앞에서

푹푹 찌는 7월 태양 아래
붉은 띠를 두른 갯벌 위 함초

중동리 솔무등 앞
태초부터 밀려 오갔을 파도 소리
당신의 열정이 만들어낸 그리스도 심장

섬 사이 노둣길 고무신이 닳도록
수없이 걷고 또 걸으며
생명 살리는 부흥의 소리

맵고 매운 식민지 시절
우여곡절 속에 지났지만
골육상잔의 가혹한 운명은
'새끼를 많이 깐 씨암탉' 억지 죄목
터진목에서 죽창에 찔리고 총알 앞에
'딸과 다른 교인들은 살려달라'는 피 울음
끝내 생명을 **빼앗긴** 끓는 피

십자가 믿음의 씨앗

성경대로 믿고
말씀대로 행동하는
한 알의 밀알은 남도의 빛과 소금으로
당신은 솔무등 예수의 꽃

오늘도
당신의 불꽃같은 예수 사랑
증도 앞바다 갯벌 붉은 함초 번져가듯
하나님 나라 지평을 넓히리라

물듦의 이별

곱구나

11월 햇살에 눈부시구나

너의 고운 옷을 입고 가는 날

기적처럼 하롱하롱

흔적으로 남아 있을게

2부

밀려왔다 밀려갔을

서귀포 바다 앞에서
파도에 밀려온 물거품처럼
작은 밀어들이 밀려온다.

수평선 너머 너울너울 밀려오다
그만 하얗게 부딪쳐
부서진 마음도 밀려간다.

부서지고 밀려가는 태곳적 소리
혜원에게도
단원에도
이중섭에게도
부서지고 갔을 삶의 무게들
떨치고 밀려갔을 성산포 파도

셀 수 없이 잴 수 없이
파도에 밀려갈
이 계절도 맡겨보자.

눈길을 쓸면서

눈 위를 걷고 있는 사람을 위하여
어디선가 오고 있는 사람을 위하여
하얀 길 위에 길을 내느라
눈을 쓸었다

누군가 가야할 길
눈을 쓸면서 누군가를 위하여
쓰는 길인 줄 알았더니
내가 가야 할 길을 쓸고 있었다

다음에는 꽃길을 쓸어 보겠다
노란 은행잎을 쓸어 보겠다
내가 쓰는 대로 길이 날 것이라
믿으면서…

하얀 길
붉은 길
노란 길

저 산맥은

산맥은 작은 골짜기
크작은 봉우리가
앞서고 뒤서며 함께 어울린다.

겹겹이 묶인
높낮은 능선이
어깨동무하고 함께 바람을 맞는다.

산맥은 남쪽에서 북쪽으로
봄꽃을 나르고
북에서 남으로
물들이며 계절을 보낸다.

높이 솟는 봉우리는
자그마한 동산을 감싸고
낮은 산은 여럿이 작은 마을을
지키며 별빛처럼 세상을 노래한다.

저 산맥은 말한다.
한라에서 백두까지
'어우러져 친구처럼 살아야 한다'라고

칼 융과의 대화

슬픔
우울
절망
분노에서 해가 뜬다.

가슴 한가운데 구멍이 뚫려
권태로움 속 불안이 더욱 외로움을 고립시키고
작은 나를 버리고 큰 나를 지향하라고 부르짖는다.

가장자리에 있어 달라고
경계밖에 서 있어 달라고
에지(edge)가 창조적 에너지를 내놓듯이

행복하면 불행이 있고
낮이 있으면 밤이 있고
슬픔이 있으면 극복의 기쁨이 있듯
성공 뒤의 그림자는 기다랗다.

우리 안의 그림자
자기 안의 그림자가 보일 때
우울한 사람들에게 자신의 젖을 먹여주자.

* 에지(edge) : 이상적인 것과 정상적인 것의 중간
* 칼 구스타프 융(Carl Gustav Jung) : 1875-1961
　스위스의 정신과 의사이자 분석심리학의 창시자

당신과 물들고 싶어요

나, 당신의 고운 자태
그, 선명한 빛깔
늦가을 단풍처럼
자르르하게 물들고 싶어요

나, 당신의 고운 음성
거친 듯 청아한 소리
옥구슬 음색으로
물들고 싶어요

당신의 초롱한 눈빛
호수인 듯 마음의 창
순수를 담는 영롱한 눈빛에
나, 물들이고 싶어요

당신을 향한 끝없는 사랑
그, 고귀한 사랑을 엮어
낮은 자리에서 이웃의 친구

나, 불꽃 사랑에 물들이고 싶어요

절망의 자리에 있는 사람에게
늪에서 헤매는 사람에게
꿈을 잃어버린 사람에게

소통으로 친구 되어
연대로 하나 되며
힘겨움 밀고 끌며
온통 당신의 빛으로 물들게 하고 싶어요

꽃봉오리 터지듯

높이 솟아
더 높이 날아봐
푸른 하늘 흰 구름처럼

두 팔을 활짝 펴고
들판에서 빙 돌아봐
훈훈한 실바람처럼

봄 강 언덕길을
지치도록 걸어봐
강물이 끝내 바다를 품는 것처럼

너와 나를 넘어서
우리를 바라봐
누군가에게 희망의 빵이 될 테니까

믿지 않는 꽃봉오리들에게
복음을 건네봐

하나님 나라가 임할 테니까

이 땅 절반의 여성들에게
CBMC를 소개해봐
함께 그리스도 대사되어
갈라진 땅에 평화 나르게 할 거야
갈등은 큰 강물로 보듬을 거야

꽃봉오리 터지는 봄날처럼
다정한 세상이 될 거야

한 줄기 빛으로
꽃이 모여 꽃밭으로
우리 일어나 빛을 발해 보아요

* 고후 15:7

닦는다

거울을 보며
속마음까지
현미경을 대고 닦는다

비춰진 모습대로
말하고 행동했었지
거울에게 묻는다

진리가 헷갈릴 때
깊은 소리에 거울을 비춘다
그리고
또 닦는다

내 사랑의 끝은

그리움의 끝은 그리움
생각의 끝은 사모함
사랑의 끝은 또 다른 사랑입니다

사랑의 끝 결별이 와도
아픔까지 사랑해야
그 무엇이 와도 축복입니다

행복의 단맛
이별의 쓴맛
아름답기 때문에 삶의 백미입니다

또 다른 사랑
또 다른 축복의 시간
내 사랑의 끝은 오묘한 기적입니다

사람 꽃밭

빛고을 온고을
그 꿋꿋한 백제의 혼을 가진 사람들

만경강 영산강
그 물줄기 따라 마르지
않는 강물 같은 사람들

정의 앞에 옹색한 마음
드러내지 않고
먼저 용기를 보태는 사람들

거짓 앞에
주저하지 않고 앞장서
양심대로 행동하는 사람들

모진 독재 앞에서도
계산 없이 올곧게
온몸을 던지는 사람들

무등산 완산칠봉 자락
민중의 함성으로
민주주의 만들어낸 사람들

내 놀던 향리를 떠나
어디에 있든지
전라도 사람의 기백을 뿌린다
그리우면 만나고
보고 싶으면 만나서
마음을 녹이는 진국들

소사벌에 호남의 향기 진동케 하여
평택시민의 꽃으로 물들게 하리라

아
한반도의 꽃밭
사람 꽃이여

아침에 온 눈 편지

내 사랑도 하얗습니다
아침부터 눈이 오는 날에는요
내 삶도 하얗습니다
눈처럼 곱게 살고 싶은 날에는요
내 인연도 하얗습니다
설화처럼 하얗게 이어질 테니까요
내 시도 하얗습니다
유혹에 연연하지 않는 백색의 세계
시 한 편으로
누군가의 가슴을 고동치게 한다면
오늘처럼 눈 내리는 아침 '사무사(思無邪)' 그대 향한 시를 쓰겠습니다.

* 『논어』 위정(爲政)편 제2장
"詩三百, 一言以蔽之, 曰, 思無邪(시삼백, 일언이폐지, 왈, 사무사)"
"그 생각에 사특함이 없다!"는 뜻

봄의 노래

추위를 견디고
껍질을 깨며 나오는
봄의 위대함이여

안으로 안으로 싸매는
정성에 못이겨
저절로 터져 나오는 가락

한숨도
속상함도
안타까움도
꽃으로 말하는
봄의 찬란함이여

내 소망의 노래를
그대와 함께 부르리라.

성벽 위 파수꾼이 되어

마른 풀같이 퍼석거리는
작은 오해로 갈등을 빚는
상한 영혼 회복을 위하여 기도하게 하소서

깨어 있는 믿음
거듭나는 믿음
다시 사는 믿음을 위한 기도

감사함으로 회복
넘치는 은혜로 회복
흔들리지 않는 영성으로 기도하게 하소서

성령의 검
성령의 눈길로
능력 주시는 자 안에서
심장을 꿰뚫고 살리는 기도

두 날개로 날아올라

한 영혼을 사랑하는 마음
선한 영향력을 선포하는 기도하게 하소서

성벽 위 파수꾼이 되어
맨 처음 조선 땅에 선 피어선 선교사처럼

* 아더 태펀 피어선(Arthur Tappan Pierson/1837. 3. 6~1911. 6. 3) 미국의 장로교목회자이자, 선교운동 지도자이다. 피어선성경기념학원(현, 평택대학교)을 세우는데 기반을 놓았다.

거제 쪽빛 바다는

봄 볕이
쏟아지는 날엔
2월 쪽빛 바다가 그립다

바다에 살면서
꿈을 키워왔을
윤슬은 2월에 핀 메밀꽃밭

수많은 세월이
밀려왔다 밀려갔을
파도의 마음을 아는 듯

붉은 마음 감출 길 없는 동백꽃
쪽빛 바다에
노란 미소를 보낸다

산들바람처럼

가을들녘으로 오려무나
가을꽃에
벼이삭에

가을 강 언덕에 머무려나
여울물 너머 윤슬에
강어귀 갈대에

가을산 골짜기로 오려무나
못다 익은 밤송이
높은 가지 도토리
후두 둑
툭

바람아 산들산들
내 머리카락을 흩날려다오
추억이 나비 되어 거듬거듬

수도사의 빛

새벽 대나무 숲 미풍 사이로
한 줄기 여명이 드러난다

미물까지도 꿈틀거리는 빛의 세상은
싱그러운 아침을 지나 정오를 향해 휘달린다

네 것 내 것 세어보는 사이에
노을빛이 괴태곶 봉수대에
어제처럼 오늘이 걸렸다

탐스러운 꽃봉오리도 순간에 벙글고
지는 꽃잎에서 영원이 없음을 배운다

눈 깜짝할 사이 아리따운 청춘은 가고
하얀 머리카락과 빛바랜 내 모습
거울에 비추어 본다

터널이 어둡다고 주저앉지는 않았는가

기다림이 무서워 피해 가지는 않았는가
정면돌파가 두려워 머리 굴리지 않았는가
이별이 서럽다고 사랑을 포기 하지는 않았는가

한바탕 짧은 시간,
힘내서 천천히 가다 보면 끝이 가깝고
따뜻한 세상이었다는 것을 왜 몰랐을까
그때는
그래
오늘이 있다
바로 이 시간
내 작은 어깨를 내주어
함께 깨달음의 길을 걸어보자

그 길은
일체 유심조(一切 唯心造)
수도사의 빛이어라

호숫가 그 여인은

산
들
호수
바다
호숫가 그 여인은
식탁 위에 요리를 전시한다

호두 아몬드 밤 사과 배
초록접시에 나무를 그려 놓는다

파란 접시 위에는
흰살생선을 호수처럼 바다처럼
그림을 그린다

형형색색 야채들을
하얀 접시에 위에 그림처럼 채색을 한다

사람이 좋아서

사람을 불러 호숫가 2층집에서
호수를 바라보며 삶을 요리한다

봄,
여름
가을
겨울 계절을 요리한다

가슴으로 부르는 노래

당신을 기다렸습니다

이미 갈대로 변해버린 시링크스를
매일 강가에 나가 갈대를 꺾어 불던
팬의 애절한 그리움

영혼의 소리는 아시아를 넘나들며
그리스 신화에서
잉카제국의 골짜기에서
고였던 눈물을 씻어 주었듯

깊은 들숨은 생명의 호흡
고요한 날숨은 생명의 숨결
멎을 듯 끊어질 듯 나는 숨
애환을 달래주는 영혼의 소리

태곳적 신비의 노래가
내 가슴에 선물처럼 들어와

당신과 나의 삶을 위로해 줍니다

오늘, 내 노래는
새벽 배다리 숲 속에서
바람과 안개에 혼을 실으며
입술이 부르튼 채로 수천 번의 숨길이었습니다

다섯 번째이지만
가슴과 가슴으로 이어져서
현실의 한계를 뛰어넘어
당신과 같은 자리에 서 있겠습니다
먼 옛날 팬이 불렀던 애타는 그리움처럼
나의 연주는 당신을 위하여
가슴으로 부르는 노래입니다.

귀한 당신은 이 자리에서 늘 기다려 줄 테니까요.

* 팬, 시링크스 : 그리스 신화 인물로 팬플룻 유래와 얽힌 이야기

지는 꽃잎에서

봄꽃
환희가 터져 나오듯
혹한을 견뎌온 상처가
꽃으로 토해졌다

마른나무로 속울음 시간
흙 속에 묻혀 숨죽인 시간
응어리진 시간을 건너와
꽃으로 응답하네

피는 꽃의 사나흘 절정
후딱
지는
꽃잎
누군가의 열매를 위한 바람이었나

지는 꽃 눈도
피는 꽃이었구나.

낮과 밤의 같은 시간

길어지고
깊어가는 밤
밤은 새로운 평화입니다

고요한 위로입니다
안으로 자신을 돌보는 시간
살아 있음으로 당신이 있음을 교감하는 시간

길어진 밤
짧아진 낮
같은 시간
같은 자리

섭리의 순환은 길고 짧음이 아니라
우주의 공간을 노래하는 여행입니다

그럼에도

사람과의 관계는 미완성

모순과 오류 사이

불량한 우상 사이에서

세상의 작고 여린 것일지라도

진실이 쓴맛일지라도

솔직함이 부메랑이 될지라도

손해가 되어도

그럼에도

진실을 택하고 싶다.

3부

상처를 씻는다

자고 나면 피고
자고 나면 지고
자고 나면 잎이 나오고
자고 나면 연초록 잎 짙어지고
자고 나면 아침이
금방 노을이 내리고

상처 난 가지에 핀 봄 꽃사태
그 꽃에 취해 상춘을 하며
여러 모양의 상처를 씻는다

전설의 계절

봄의 씨앗을 안고
여름을 견뎌낸 겸손한 계절

순간순간 아찔한 때도 있지만
견딤으로 열매를 선물하는 계절

적절한 조절로 평형을 이루는
전설 같은 시간의 유한성을
안겨주는 시절

서늘한 바람이 살결에게
겨울이 가깝다고
따뜻한 시를 쓰게 하는 시절

푸르고 높은 하늘
양떼구름처럼 유영하듯 살라고
가을은 세상을 가르칩니다.

12월 당신에게

부산했던 한 해
저무는 강물 위에 천만화소 번지듯
못다 부른 감사의 노래를 부르자

모자람 서로 채워주고
함께 견뎌준 우리 안의 당신들
민들레 홀씨처럼 꽃씨를 품어주자

내 사명
누군가의 가슴에 한 편의 시로,
노래로 고동치게 하여 어떤 어둠도
환희의 빛으로 밝혀주고 싶었다

마치
자신의 등불을 다른 사람 등에
붙여 주듯이 방황하는
당신 곁에서 길을 걸어주자

걷다가 어둠 만나면
삶과 죽음의 경계일지라도
삼백예순날 함께 불타올라
당신을 위해 촛불을 들어주자

어제 같은 오늘
내일 같은 오늘
빛과 어둠이 같은 자리이듯

배다리 호수
물을 딛고 차오르는 큰기러기처럼
떼 지어 겨울나기를 날아가 보자

소들섬의 연주

가을 햇살이 식어갈 무렵
삽교호가 여물어 가고 있다

채색된 하늘가 가창오리
짝을 지어 떼지어 나르고

소슬평야 황금색
쌀 익은 내음
호수를 감돈다

흰 물감을 뿌려 놓은 듯
악곡의 어울림
해질녘 붉은빛 물들면

소슬한 황홀경
소들섬 천상경
소슬바람 가을이 깊어 간다.

상흔의 선물

살면서 겪은
시험
시련
선물의 흔적

여림을 넘어서
더 강화되는 상흔

하늘이 주는
축복 너머
힘

아픔에서 퍼 올려진
단단한 용기
새살 돋음이여

먼저 와 있는 귀한 그대

초록빛 치마에 쌓여
꽃봉오리 품고
추운 겨울 견디며
내 곁에 먼저 와 있는 그대

가느다랗게 늘어진
잎사귀 사이로 꽃대궁
수줍게 내민 기품
가인으로 이미 와 있는 그대

세상 혼탁을 밀어내고
고운 노랑색 저고리
홍화소심 새색시 자태로
와 있는 고결한 그대

순수가 다 모여
세상의 흉터를 싸매
꽃보다 오묘한 무늬로 응답한

절대 그윽함이라

귀한 그대
매화와 이미 와 있는
내 서재의 금란지교

바람의 미소

바람 따라 머물고
바람처럼 가야 할
너와 나

오늘도 어제처럼
불었다 멈추기도 하고

끊임없이 자신을 수정하며
잠시 머물다 갈
바람의 미소인 것을

어디로 흘러가야 할까

숨결대로
바람에게 맡겨볼까나.

아카시아 꽃내음

상큼한 내음
덕동산 아카시아꽃
집안까지 번져와 올라가 보니
온 산이 취해 있다
오솔길 따라 걷다 보니
향기에 물들어
선계 같은 숲길
철쭉이 지는 서운한 자리
피는 꽃처럼 잔망스럽게 누워있다
튤립이 시든 자리
토끼풀꽃들 수선스러움
도란도란 오후를 즐긴다^^

지는 꽃자리
아카시아 꽃내음 5월이 눈부시게 처연하다

앞마당 감나무에는

바알간 선홍 빛
달콤한 맛
끝없는 그리움

말랑거리는 결
붉은 사랑
한없는 그리움

추운 겨울
군불 같은 사랑
그렁그렁한 보고픔

앞마당 감나무에 주렁주렁
내 그리움도 주렁주렁

해마다 홍시는 익어가도
하늘가에 계신
아버지

품어 보련다

가을 끝자락
환상적 서글픔
그 아름다운 쓸쓸함
마지막 열매 고마움과 미안함

늦가을 밤은 철학자
사색
사유
사려
사모
아픔까지 따뜻한 시선으로
사랑해야지

얼만큼을 더 살아야
세상 너머 세상을 헤아릴 수 있을까?
작고 부족한 것들에게 말을 건네야지.

살아있는 모든 것들을 보듬어 보련다.

편지를 읽으며

가진 것은 별로 없어도
출근할 일이 없어도
내 서재에 찾아올 사람 없어도
금방 문자로,
전화로
풍경 있는 카페에서 만나자고
그런 허물없는 친구의 전화 한 통이 없어도

잠을 설친 여름 아침
헤이즐넛 한 잔을 마시며
읽어야 할 편지가 배달된다는 것은
넉넉한 일상이 가득

곁들여온 그림에서
금방 묻어나올 들꽃 향기가
한 줄기 화폭에 뿌려주니
여유로움 가득

나 언제부턴가
이 시간을 기다려온 것처럼
편지를 읽는 아침
답장이 줄줄 써 내려가는 아침
영문 없이 행복 가득

이만하면
넉넉함
가득

은행잎

은행잎
떨고 있니
초연했을 거야
순환이라는 것을

몇 년 전만 해도
내 청춘이 저렇게 떨면서
가고 있는 줄 몰랐어

그러나 가야 온다는 것을
깨달았을 때
평온을 찾았어

'미네르바 부엉이가
황혼에 날아 올라가는 것'
본질의 참모습일 거야

은행잎

함께 그냥 가는 거야

* 게오르크 빌헬름 프리드리히 헤겔(독일 철학자)이 그의 저서 《법철학 강요》(Grundlinien der Philosophie des Rechts; 1820)에서 남긴 경구(警句). 미네르바의 부엉이가 황혼이 저물어야 날개를 편다는 의미는 철학은 앞날을 예측하는 것이 아니라 어떤 현상이 일어난 뒤에야 비로소 역사적인 조건을 고찰하여 철학의 의미가 분명해질 수 있다는 것을 말한다.

우리 앞에 선 그대

봄 씨앗을 한가득
푸지게 가꾼 그대,

여름 무더위,
천둥 번개를
무서운 환희로 바꾼 그대

누렇게 익은
벼 이삭에서
숭고한 겸손을 배운 그대

불덩이 같은 마음으로
서로를 일깨우고 세워주며
사랑의 지경을 다져 깊게 사랑하고 싶습니다.

제 머리에 불을 붙여
어둠을 밝혀주는 촛불처럼
남을 제 몸처럼 섬기고 싶습니다.

자기 맛만 내는 설탕보다는
자신을 녹여 맛을 내는 소금처럼
남의 맛을 내어주는 소금이 되고 싶습니다.

꽃이 곧 낙화할 줄 알면서도
황홀하게 눈 맞추며 웃어주는 것처럼
더 낮은 자리에서 배경이 되고 싶습니다.

이 가을
우리 앞에 선 그대
저 붉게 타는 노을의 순수를 닮아
모레도
찬란한 아침 햇살을
함께 맞이하고 싶습니다.

바닷가에 서면

작아지는 나
파도 저 너머

너처럼
넓게
깊게
품어내고 싶었다

물길 따라 드나드는 뱃길
전설이 머물다
쏟아 놓은 이야기는
이미 소설이 되었다

밀물 썰물의 결
시인의 가슴 파고 든
굳은살
새살 돋게 했다

바닷가에서
작아지는 가슴은
이미 큰 바다를 달리고 있다

운명 교향곡

퍼져가는
연기 속으로

흩어지는
시간 속으로

아늑하고
고즈넉하게

강물 같은
운명인 운명

한 방울
물방울에서 시작

소용돌이 속
거친 물결 위

통통 튀는
긴 강줄기 따라

긴 대화
여정 되어

바다에 닿는다
느리게

격정에서 느림으로
운명처럼

만선의 노래

푸른 바다
원대한 꿈 찾아
작은 배를 띄웠습니다

쉽지 않는 항해
젊음으로 버티며
용기로 도전을 택했습니다

거친 바다
우직한 성정으로 파도 넘는
공허 속 당신을 만났습니다

은혜 물결
푸른 초장으로
초대받은 벅찬 일상꽃은
믿음 속 기다림 뒤 피어났습니다

기다림의 겸손은

정금 같은 믿음으로
날마다 말씀의 거울 앞에 세워주었습니다

내 안의 돌부리
스스로 깨닫게 하고
자신을 친 고난 속
향기 묻혀내어 의롭게 서게 했습니다

당신의 의는
나의 용기
누군가의 가슴에 울림을 주는
나눔꽃으로 피어나게 했습니다

감사와 만선
내 삶의 노래를 부르리라.

존재의 환희

겨우내 앙상한 가지에서
누가 저토록 아름다운
꽃이 피리라고 생각했을까

계절이 온다
꽃도 핀다
새도 운다

모든 존재는 환희 아닐까?

후회와 미련

선생이란 이름!
그 자랑스러운 이름
제자들이 있어서 지금도 선생이다

30년 전,
많은 시간이 흘렀어도
고마운 이름들

흐르는 시간 속 생생하게 기억하고 있다

지나고 보니
더 잘 안내할 걸
더 따뜻하게 마음을 어루만져 줄 걸
성장통 용트림도 더 보듬어 줄 걸
지금도 미안하다

그날이 다시 온다면
축적된 경험 담아 더 부드럽게 나눠 보겠다.

그냥은

그냥의 아름다움
우연의 기쁨

그냥은 비목적성
우연의 만남

그냥이 준 축복
우연의 향연

그냥의 인연
하늘의 은총

4부

괴정리 가는 길

해가 서산에 걸리었다.
눈이 부시도록 반짝거리는 윤슬은
그 어떤 영상으로 담아낼 수 없는 예술

10월 해질 무렵
채계산 자락 괴정리로 가는 길은
불그스레한 노을빛이 강물에 걸리면

저문 강물에 비친
홍조 띤 앳된 모습의 소녀
아무도 바라보지 않았지만

깊어가는 가을 섬진강
유유히 흐르는 물길은 시간을 넘어
소녀를 시인으로 만든 긴 강물이었다.

추석 즈음

나의 태자리
늘 그리던 고향
채계산 밑으로 흐르는 섬진강

너른 들판 곡식들이
불볕더위를 이고 영글어간다

홰나무 정자 아래
도시로 간 자식을 기다리며
추억을 얘기한다

60년간 하냥
애틋하게 가슴속 **빼곡하게**
담긴 괴정리

어느 가을 아침

계절이 깨운다
여린 햇빛이 거실 한가득

숨 막히는 여름이
사라진 자리에 모차르트 곡
선율에 가을 추억이 실어온다

넓은 들판
논배미 가득 이삭이 오른
여름 땀방울을 자랑하셨던 당신이었지요

텃밭의 배추와 무
잎사귀가 네 얼굴처럼 반질거린다고
쑥스럽게 미소 짓던 당신이었지요

강 건너 밤나무 산에서 주운 알밤을
건네며 가시 속에서 자란 기적이라고
국어 선생 딸에게 표현해보려는 당신이었지요

휴일 아침
당신이 그립습니다
아버지

이젠
당신의 포근한 미소
파란 갈 하늘가에서 맴돌고 갑니다

그 사랑의 깊이

살아도 살아봐도
제 사랑의 원천은 당신으로부터 시작되었습니다.

당신의 몸을 사르며
부어주신 큰 은혜의 강물

나답게 살도록
인과의 과정은 거룩한 역사의 선물입니다.

셀 수 없는 바닷물 같은 사랑
그 보답의 시늉, 지금도 작은 섬에 불과합니다.

살아도 살아봐도
언제나 제 삶의 위로의 밭입니다.

그 사랑의 깊이
이순이 되어도 잴 수 없는 축복입니다.

어머니!
무더운 요즘 날씨에도 보고 싶음이 어른거립니다.
흰구름 속 당신의 옥색 저고리가 눈가에 와 젖습니다.

노을이 질 무렵
전화하면 대답하실 것이지요?
어머니!

어릴 적 괴정리 가을

섬진강 물안개는 아침을 몰고 온다.
태고의 신비처럼

채계산 갈라진 자락 사이로 한줄기 햇살
금세 샛노란 들판과 강줄기를 드러낸다.

가을 햇살을 등지고
벼 낟가리 콩 타작 고구마 캐는
아버지 이마의 땀방울

점심 내가는 어머니 따라
막걸리 주전자를 들고 가서
자연을 먹었던 시절

펄펄 나는 메뚜기 풀에 꿰어
논두렁 밭두렁을 지치도록 뛰놀던 오후
서산에 걸린 해 미련이 저문다.

섬진강 윤슬 위
살진 피라미는 제 몸 겨워
눈부심을 타고 뛰어오른다.

지금쯤
진등벌 선두벌에 펼쳐진 황금물결
끝자락 괴정리엔 가을이 익어 가겠지.

    * 채계산(책여산) : 전라북도 순창군 적성면 괴정리,
        고원리를 병풍처럼 둘러 진 산
   * 진등벌, 선두벌 : 전라북도 순창군 적성면 괴정리 들판

여름 괴정리

여름 한나절 나의 강 섬진강은 물 놀이터
멱을 감다 지치면 강 건너 너럭바위에 올라
몸을 말리며 하늘을 이고 놀았던 시절

다시 강물에 몸을 적시며
수없이 모래성을 쌓고 허물며
물길 따라
저수지 놀이
물몰이 놀이
은어 몰이 놀이 지치도록 하였던

그 때 함께 놀았던
순이, 영숙이, 오식이, 지호…

작열한 태양이 식어서 골목길에 오면
담장 너머로 늘어진 호박넝쿨 사이사이
주홍빛 미소가 황홀하게 반기었던

어느새 붉은 노을이 드리우면
골목길은 공중을 나는 고추잠자리와
투스텝을 추며 즐기었던

내 유년의 그곳
괴정리 여름

넘실대는 보리밭 물결

5월 찬란한 햇빛에
넘실대는 보리밭 물결 미치도록 좋았다.

보리밭의 초록빛이 좋아서
좁은 논두렁길을 걸으며
손으로 여린 보리 이삭을 쓸면서 걷곤 했다.

맑은 봄바람은
이랑과 작은 길을 넘나드는
초록 물결 경이로움에 혼이 빠졌었다.

이맘때가 되면
순수가 아렸던 동화 속 설레임
그 물결이 눈부시게 어른거린다.

살랑거리는 바람과 종다리 가락에
넘실대는 보리밭 물결아
내 마음의 초록 물결로 머물러다오.

그곳엔 지금도 소쩍새가 울고 있을까

아카시아 꽃향기
섬진강 건너 그윽하게 내려 앉는다

밀 보리
익어가는 쌉쌀한 구수함이
저녁연기 속에 새들도 깃을 접는 밤

무슨 사연 그토록 슬퍼
밤새 가슴 저미도록 울어 예는가

누군가 기인 그리움
어찌 접고 떠나갔을까

지금도
그곳엔 소쩍새가 울고 있었다.

다음 달에 올게요

고향집 대문에서 늘 배웅해 주셨듯이
요양병원에서도 문 밖까지 나오신다

'바람이 차니까 들어가세요'
어머닌 먼저 떠나라고 끝내 기다리신다

마른 어깨를 토닥이며
고맙고
사랑하고
존경한다고 몇 번을 되풀이한다

잘 가라며
이내 슬픈 눈이 젖는다
목 메인 작은 목소리로 '운전 조심하라' 건넨다

내 자동차 시야에서 사라질 때까지
어머니는 백미러에 서 계셨다

꾹 참았던 서러운 그리움
두 볼을 타고 뜨겁게 흐른다
깊은 흐느낌으로

어머니
다음 달에 또 올게요

봄의 속삭임

순풍 너울 쓰고
오고 있다
왔다
때가 되면 언제나 오고 있을 너

그렇게
매서운 겨울을 건너서
속으로 응축시킨
봄의 사신

새순으로
꽃으로
연초록 풀빛으로
눈부시게 왔다.

네가 오고 있었기에
지난겨울은 참으로 위대했다.

봄 하늘
따뜻한 속삭임도
오면서 가고 있다.

오지 마라

오늘도 부르면 대답하신 어머니!

새해 아침 전화를 하며
전주로 출발한다 했더니

경쾌한 목소리로
- 오지 마라
- 잘 있다

'딸아 보고 싶다. 어서 오너라'
역설로 그리움을 숨긴다

전주에서 모녀는
점심도 먹고,
좋아하는 떡과 과일도 사고
전통찻집 쌍화탕으로 모녀지정을 덥힌다

걷기 운동으로

딸 아들 보고픔 메우신
서글픈 연한 미소

오늘은 외로움의 무게가
가벼웠을까
하루가 짧았을까.

흐르는 강물처럼

강가에서 나고 자라서
이제는 향수에 젖어 있는 섬진강

흐르는 나의 강
그 배경이 되는 놀이터
마치 영원이 있는 것처럼 한결같이
철 따라 모양과 물색이 달랐다

봄 물결은 진달래 분홍빛을 돌아
살구꽃 향기를 내며 뽕나무 사이로
봄강은 흘렀다

아카시아 꽃 사이로 비치는 여름강
모래성 놀이는 내 디즈니랜드
그러나 붉은 홍수가 몰려올 때면
강 넓이를 삼키는 울음 강은 공포 영화였다

여울물 사이로 휘감는 노을

괴정리 들판은 한 폭의 수채화처럼
가을 서정에 강물도 여물어 갔다

눈이 소복이 쌓인 비인 들판 따라
깊은 사유 속 꿈의 대화를 나누었던
그날도 겨울 하늘은 푸르렀다

흐르는 강물처럼
내 삶도 유정하게 노을강에서 흐른다

* 노을강 : 평택강

당신이 떠난 자리가

텅 비어 있습니다

괴정리 넓은 들판
채계산 밑 고추밭에서 금방 허리를
펴며 일어나 하늘 한 번 쳐다볼 것 같습니다

고향집 부엌에서
간식거리를 가지고 우리를 부르는 소리
금방 뒤돌아서면 빈 마당만 보입니다

당신의 그림자로
가득 찬 안방
마치 당신의 등 뒤에서
든든하게 취한 휴식 시간은
제 삶의 최고의 행복 공간이었습니다

잦은 병원살이
마음도 왜소하고

그리움 절절한 눈빛
채워주지 못한 마음, 가슴이 미어집니다

당신의 작은 어깨
많이 안아주지 못해서 미안합니다

당신의 섬세한 마음
많이 헤아리지 못해서 정말 미안합니다

당신이 떠난 자리가
이리도 텅 빈 마음일 줄 몰랐습니다

어머니
목 메이게 불러봅니다.

봄을 캐던 괴정리

이른 봄 하늘을 우짖는 종달새
밭이랑 사이로 아물거리는 아지랑이
봄을 캐던 시절

달래, 냉이, 걸레나물, 돈나물
꽃당 소쿠리에 가득 담아오던 날

옹기종기 둘러앉아 봄 나물국
푸짐한 정으로 봄을 나눈 어머니 손맛
초저녁 강 건너 소쩍새 울음소리
봄이 잠들어 간 괴정리

하굣길 꺾어온 진달래 향기
방안 그윽한 봄 꿈속에서
살구꽃 피어있는 강둑길을 휘달린다

내 푸른 유년의 그곳
내 놀던 고향의 봄.

참깨 볶으며

모래알 같은
시간에 달구어
뜨겁다고 톡톡
튀어나오지만
내젓는 손길에 따라
두루뭉술하게
노릇노릇
함께 볶아지며 토실토실
뜨겁다고 뛸 때마다
고소고소한 맛
반찬에 두루두루
뿌리면
입안 가득
고소한 향기
고소한 맛
고소한 사랑
집안 가득 번진다.

오성강변에 서면

진위물과 안성물이 만나서
큰 강이 되어 하늘과 들판
친구처럼 평화를 빚는다
오성강변에 서면

강 건너 이국적인 풍경과
창내 사람들의 소박한 동경
윤슬처럼 빛나는 노래를 한다

평화를 제작한 마을과
창내뜰 쌀 익은 내음이 어우러져
기름진 풍요를 만든다

넓은 들과 강물이 맞닿는 풍경
강물에 비친 붉은 노을빛에 취해
바다를 품어야 할 사랑의 시를 읊는다

오성강변에 서면

오성강변에 서면

그대가 있어 내가 있듯
계절을 수놓은 강물
먼 바다로 간다

길을 걸었다

길을 걸었다
답답하다고 느낄 때

길을 걸었다
실타래처럼 엉켜 있을 때

그냥 걸었다
오르락
내리락
산길을 걸었다

땅 딛고 꽃피운 풀꽃에서
미소를 배우고
쭉 뻗은 나무보다 굽은 가지에서
버팀을 배우며
누구도 봐주지 않는 이름 없는 나무에서
우직한 한결같음을 닮아본다

누군가 먼저 갔을 작은 길

걸었다
그냥 걸었다
길 위에 시원하게 길이 있다

길을 걸었다

권희수 시
양재훈 곡

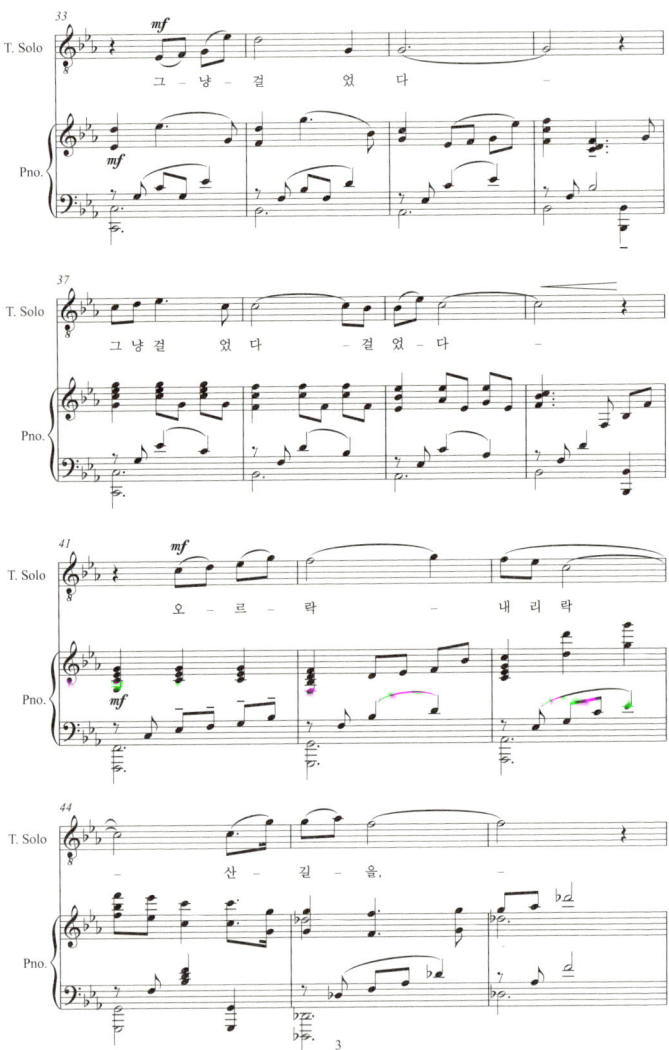

밀려왔다 밀려갔을

초판 1쇄 발행일 2024년 12월 24일

지은이 권희수
펴낸이 곽혜란
편집장 김명희
디자인 김지희

도서출판 문학바탕
주소 (07333) 서울시 영등포구 여의대방로 379 제일빌딩 704호
전화 02)545-6792
팩스 02)420-6795
출판등록 2004년 6월 1일 제 2-3991호

ISBN 979-11-93802-14-4 (03810)
정가 12,000원

* 이 책의 저작권은 저자에게 있으며 이 책의 전부 또는 일부를
  이용하시려면 저작권자의 서면동의를 받아야 합니다.
* 이 책은 국립중앙도서관, 국회도서관 홈페이지에서 검색 가능합니다.
* 문학바탕, 필미디어는 (주)미디어바탕의 출판브랜드입니다.